niedergeschrieben von Mahatma Ilse

LICHTWEISHEITEN

nach
David Wared

1. Auflage 2021

Herausgeber: Lichtbewusstsein Verlag GmbH, Düsseldorf

Fotos: Michael Jaeger
Mechthild Aßmann

Klimaneutral gedruckt in Deutschland

ISBN 978-3-945528-30-3

Heilige und ehre alles Leben
aufgrund seiner Schönheit
und Herrlichkeit und Fülle.

DAVID WARED

Lass dein Herz einfach los
für die Freude am wahren Sein,
für den Weg in die Freiheit,
für das Haus des Friedens und
für die Heimat der Liebe.

DAVID WARED

Die Heiligkeit eines Menschen
hängt nicht nur davon ab,
was dieser tut und wie er
handelt, sondern ebenso,
was er alles geschehen lässt.

DAVID WARED

Die Art, wie wir mit unseren Gedanken umgehen, wird uns gefangen machen oder befreien.

DAVID WARED

In der Meditation kommt
das Wesen zum Vorschein.

DAVID WARED

Eine Sprache voller Wunder
und Zauber ist die Sprache
der Stille. – Ich bin still –.

DAVID WARED

Wenn du den inneren
Widerstand aufgibst,
wird Stille in dir lebendig.

DAVID WARED

Die Meditation ist ein Stillwerden,
um sich des Wesens und des
Wesentlichen bewusst zu werden.

DAVID WARED

Frieden kommt durch Vertrauen.
Freiheit kommt durch Loslassen.
Wahrheit kommt durch Authentizität.
Einheit kommt durch Eins-sein.
Liebe kommt durch Hingabe.

DAVID WARED

Dein Licht auszudehnen,
deine Liebe auszudrücken,
deine Lebendigkeit zu leben,
rettet die ganze Welt.

DAVID WARED

Frieden ist ein Seelenbefinden,
das einsetzt, wenn der duale
Geist zur Ruhe kommt und sich
auf die Erfüllung seiner
essenziellen Aufgaben einstellt.

DAVID WARED

Wenn der Atem in mich eingeht wie
das fließende Wasser in den Strom,
dann gibt es keine Zelle, die nicht
von ihm inspiriert wird.

DAVID WARED

Verbundenheit mit der Welt
beginnt zuerst in deinem Herzen.

DAVID WARED

Wenn du deiner Entwicklung nachgehst,
so liegt die höchste Erfüllung im
gerechten Handeln und in der Friedfertigkeit.

DAVID WARED

Frieden und Glück werden nur dadurch erzeugt, dass wir die Einheit mit anderen und das Eins-Sein mit uns selbst ständig üben.

DAVID WARED

Die geistige Einkehr schenkt dir die Kraft, um deinen Alltag zu meistern.

DAVID WARED

Bleibe in Balance in deinem Körper,
bringe den Frieden in deine Seele,
erweitere die Grenzen in deinem Geist.

DAVID WARED

Freiheit dehnt die Wesentlichkeit
deines Geistes aus.
Freiheit drückt die Essenzialität
deiner Seele aus.
Freiheit offenbart die Unsterblichkeit
deines Lebens.

DAVID WARED

Wenn du der Erlöser deiner Gefühle
und der Befreier deiner Gedanken
wirst, dann bist du der Erschaffer
des Friedens auf Erden.

DAVID WARED

Qualitative Freiheit ist unabhängig von der quantitativen Wahrnehmung des Menschen.

DAVID WARED

Freiheit ist der Ausdruck des
innersten Wesens nach außen,
solange, bis es kein Außen
mehr gibt.

DAVID WARED

Im Frieden sind alle Bedürfnisse befriedet.
In Wahrheit sind alle Erkenntnisse EINS.
In Freiheit sind alle Dimensionen überwunden.
In der Liebe sind alle Ebenen aufgelöst.

DAVID WARED

Freiheit ist das Sehnen des Geistes, der Seele und des Körpers sich augenblicklich und lebendig zu verwirklichen, in allen Taten und Handlungen.

DAVID WARED

Die Übereinstimmung von
Denken und Fühlen schafft
die Basis für ein gesundes,
glückliches und erfolgreiches
Leben.

DAVID WARED

Der Mensch ist so viel Erde, wie er lebt.
Der Mensch ist so viel Himmel, wie er liebt.
Der Mensch ist so viel Schöpfer, wie
er leuchtet.

DAVID WARED

Wie kann Frieden entstehen,
wenn nicht durch dich?
Wie kann Liebe entstehen,
wenn nicht durch dich?
Bitte säe den Frieden und die Liebe,
denn du bist Friedensbotschafter
und das Licht der Liebe.

DAVID WARED

Die geistige Einkehr schenkt
dir die Kraft, um deinen
Alltag zu meistern.

DAVID WARED

Einsicht ist das Umfassen und Erfassen der Ursache-und-Wirkungszusammenhänge.

DAVID WARED

Wer Frieden im Inneren lebt,
ist im Außen immer frei.

DAVID WARED

Gelassenheit ist der Tanz des Friedens,
der Flug der Freiheit, die Sprache der
Wahrheit, der Gesang der Liebe,
das Rufen der Einheit.

DAVID WARED

Der Himmel ruft, und
Beseelung kommt von unten.
Der Himmel ruft, und
Erkenntnis kommt von unten.
Der Himmel ruft, und
Vollbringung kommt von unten.

DAVID WARED

Dein persönlicher Weg
hinterlässt immer eine Spur.
Welche?

DAVID WARED

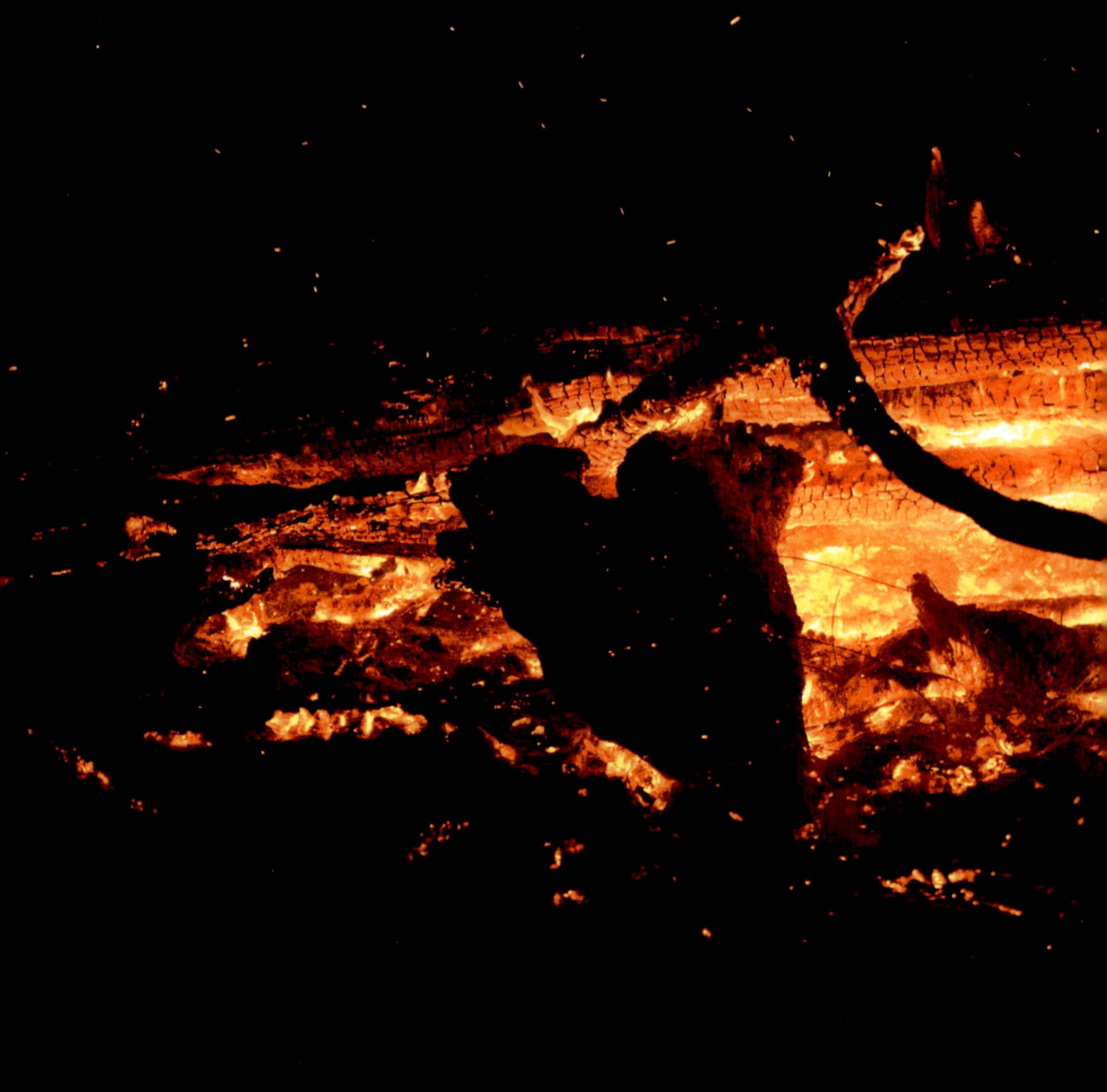

Sobald du ein Herz berührst,
geht ein Dimensionstor auf.
der Wind der Ewigkeit lässt
das Herzenslicht entfachen.

DAVID WARED

Wenn du das Fassbare gesehen und dessen Wahrheit erkannt hast, wirst du eine Ahnung vom Unfassbaren erlangen.

DAVID WARED

Freiheit bedeutet, im Geist
des Augenblicks präsent zu sein.

DAVID WARED

Wenn du scheiterst,
verurteile dich nicht.
Stehe auf, und du hast
alles gewonnen.

DAVID WARED

Alles Wirkliche drückt
sich durch die Liebe aus.

DAVID WARED

Wahre Geborgenheit ist,
das Urvertrauen lebendig
zu leben.

DAVID WARED

Das Wahre bleibt von
der Welt der Erscheinungen
und Veränderungen unberührt.

DAVID WARED

Alles, was vermeintlich wichtig ist,
das verwerfe.
Alles, was wichtig ist, das vollbringe.
Alles, was wensentlich ist, das verwirkliche.

DAVID WARED

Wenn du das Wesentliche liebst,
dann zeigt sich das Wesentliche
und bewirkt Wesentliches für
alle Wesen.

DAVID WARED

Erinnerst du dich?
Nichts ist verloren von dem einstigen
Glanz deines Lichtes.
Nichts ist verloren von der einstigen
Seligkeit deiner Liebe.
Nichts ist verloren von der einstigen
ALL-Kraft deines Lebens.

DAVID WARED

Du hast bereits die Antworten auf all deine Fragen.

DAVID WARED

Wir werden nicht bestimmt.
Wir bestimmen selbst.

DAVID WARED

Liebe deinen Nächsten
ergibt keinen Sinn, wenn
wir uns selbst hassen.

DAVID WARED

Ein Wandel aus deinem
Inneren heraus ist ein
Weltenwandel.

DAVID WARED

Wenn wir das Fühlen ohne
Einmischung des Verstandes
zulassen, dann kann es sich
weiterentwickeln und das
Denken einbeziehen.

DAVID WARED

Jede Sekunde Leben ist Segen.
Jeder Augenblick Liebe
höchste Gnade.

DAVID WARED

Wann gibst du deiner einzigartigen Existenz einen tieferen Sinn?

DAVID WARED

Alles Schöne, was dir begegnet,
ist die Schönheit, die du aus
dir ausgestrahlt hast.

DAVID WARED

Ich bin umhüllt von einem Feld des Lichts.
Ich bin geborgen in einem Feld der Liebe.
Ich bin beschützt in einem Feld des Lebens.

DAVID WARED

Möchtest du glücklich sein,
dann schau in den Himmel hinein.
Möchtest du glückbeseelt sein,
dann erkenne die Schönheit
in einer Rose.

DAVID WARED

Einheit ist die höchste und
letzte Antwort auf all
deine Fragen.

DAVID WARED

Die Einheit von Verstand und Herz
ist die größte Evolution der
Menschheit.

DAVID WARED

Hast du den Mut, Licht zu zünden?
Hast du den Mut, Visionen zu erschaffen?
Hast du den Mut, Herzensgüte zu verschenken?
Hast du den Mut, das Leben zu erleben?
Dann bist du frei, dann bist du verwirklicht.

DAVID WARED

David Wared ist die Quelle des Lichtbewusstseins und der Begründer der Lichtbewusstseinsphilosophie, die er 1974 im Kindesalter in die Welt gegeben hat und die inzwischen in vielen Schriften allen Menschen zugänglich ist.

Er lehrt und dient den Menschen in der von ihm gegründeten Lichtbewusstsein-akademie und in seiner heilphilosophischen und heilpraktischen Praxis in Düsseldorf.

Seine Vision ist eine Lichtgesellschaft in erweiterter Humanität. Sein Leben und Wirken begleitet den Menschen durch persönliche Entwicklung in sein volles Potenzial. Damit entdeckt der Mensch seine ihm eigene Schöpferkraft, durch die er nachhaltige positive Veränderungen in sich und zum Wohle der Gemeinschaft sowie aller Lebewesen dieser Erde auslöst, verursacht und bewirkt.

Die Lichtbewusstseinsphilosophie eröffnet dem Menschen alle Möglichkeiten für ein liebevolles und wahrhaftiges Miteinander mit aller Existenz und überall auf der Welt. Sie erläutert schlüssig, nachvollziehbar und vollständig den Weg der Befreiung, Heilung und Selbsterkenntnis.

Lichtweisheiten von David Wared beinhalten wahre Schätze tiefer Weisheit, die sich in Meditation erschließen und Herz und Verstand berühren und impulsieren. Sie helfen Geistesqualitäten zu wecken, Seelenempfindungen zu erspüren und das Bewusstsein zu erweitern.

Sie laden Sie ein, auf eine Reise in Ihr Innerstes, zurück zu Ihrem Ursprung, der unser aller gemeinsamer Ursprung ist.

Schon in jungen Jahren interessierten mich fremde Kulturen, Philosophien und Religionen. So bereiste ich 1964 zum ersten Mal Indien, um in Puducherry, Tamil Nadu den Sri Aurobindo Ashram kennenzulernen sowie die Philosophie und das Integrale Yoga von Sri Aurobindo. Zwei Jahre später wurde ich eingeladen mit der Fokker Friendship Maschine, die Indian Airlines in Amsterdam bauen ließ, bei der Überführung mitzufliegen.
Dieses Mal begegnete ich Mira Alfassa. Sie war die Begleitung von Sri Aurobindo und Begründerin des Sri Aurobindo Ashrams, allgemein bekannt als die Mutter.
Diese Begegnung entfachte in mir ein tiefes Sehnen, wieder und wieder, über 50 Jahre lang, den Ashram zu besuchen, wo ich geistig, seelisch und körperlich Kraft tanken durfte.

Dann lernte ich in Düsseldorf, über sein Buch Lichtbewusstsein Band I, den Heilphilosophen und Heiler David Wared kennen. Von nun an vertiefte ich mich mit Begeisterung in die Lichtbewusstseinsphilosophie von David Wared. Meine bisherigen spirituellen Erfahrungen wurden damit um ein Vielfaches erweitert und angehoben, zum Beispiel in den Mittwochs-Gesprächen, Meditationen und den verschiedenen Seminaren und Ausbildungen, an denen ich teilhaben durfte. Meine Sehnsucht nach Indien verstummte.

David Wared ist der wahre Weltenlehrer, dem ich folgen möchte. Seine Lichtbewusstseinsphilosophie bringt die Evolution des Geistes, die Erfüllung der Seele und die Heilung des Körpers zu den Menschen.
Die Lichtweisheiten von David begeistern und berühren mich zutiefst. Eine Poesie voller Wahrheit und wunderbarer Wortbildung, die von David fortwährend neu offenbart wird.

Von Anfang an habe ich die Lichtweisheiten originalgetreu handschriftlich notiert. Es ist mir eine große Ehre und ich bin in tiefer Dankbarkeit, dass sie nun so veröffentlich werden.

Liebe Leserinnen und Leser,
ich wünsche Ihnen viel Freude und wahre Erkenntnisse.

Ihre Mahatma Ilse